DEER

A B C D E F

YOUR TURN!

	A	B	C	D	E	F
1						
2						
3						
4						
5						
6						
7						

LION

YOUR TURN!

	A	B	C	D	E	F
1						
2						
3						
4						
5						
6						
7						

GIRAFFE

A B C D E F

1
2
3
4
5
6
7

YOUR TURN!

	A	B	C	D	E	F
1						
2						
3						
4						
5						
6						
7						

KANGAROO

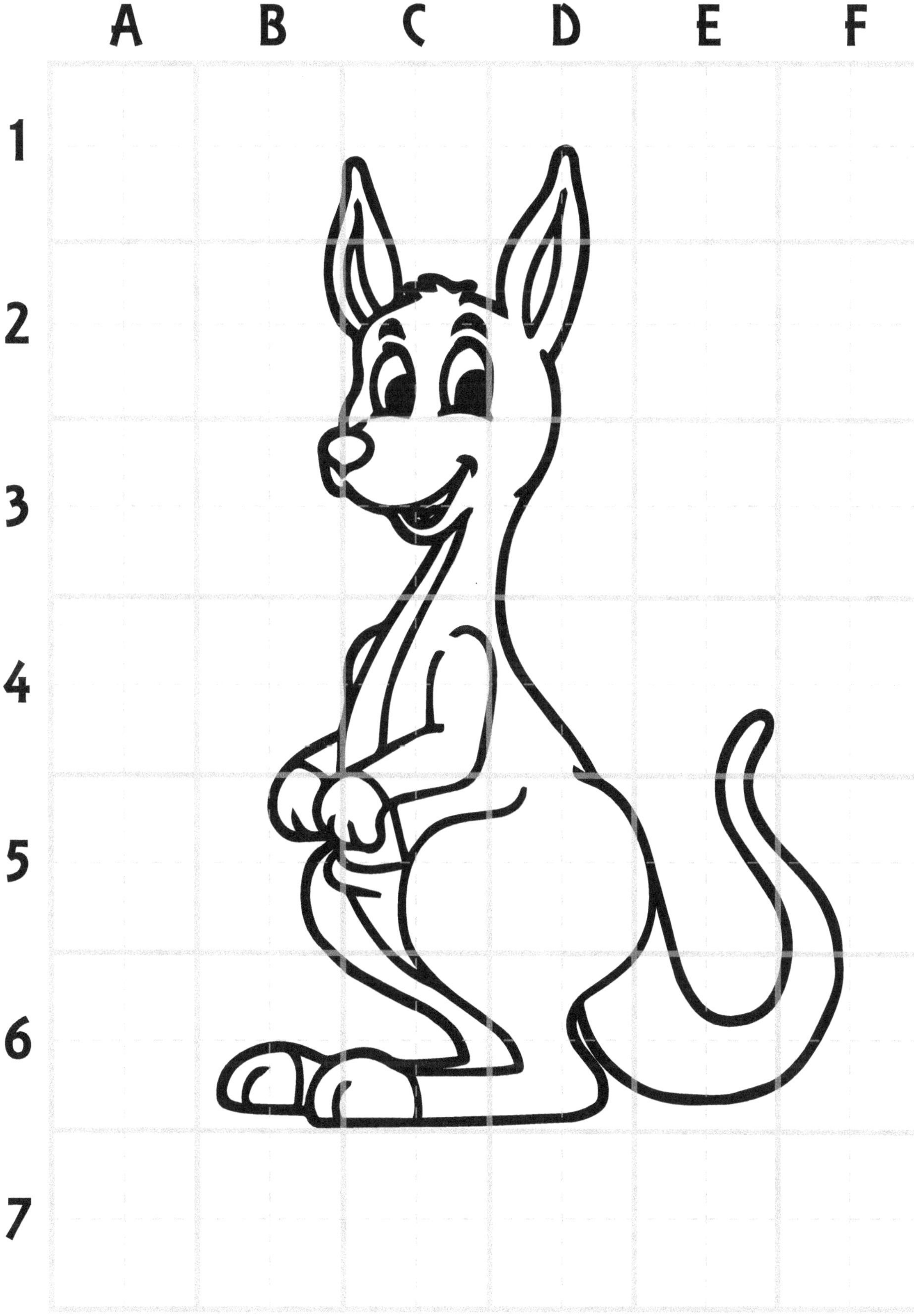

YOUR TURN!

	A	B	C	D	E	F
1						
2						
3						
4						
5						
6						
7						

ELEPHANT

YOUR TURN!

	A	B	C	D	E	F
1						
2						
3						
4						
5						
6						
7						

PENGUIN

YOUR TURN!

	A	B	C	D	E	F
1						
2						
3						
4						
5						
6						
7						

MONKEY

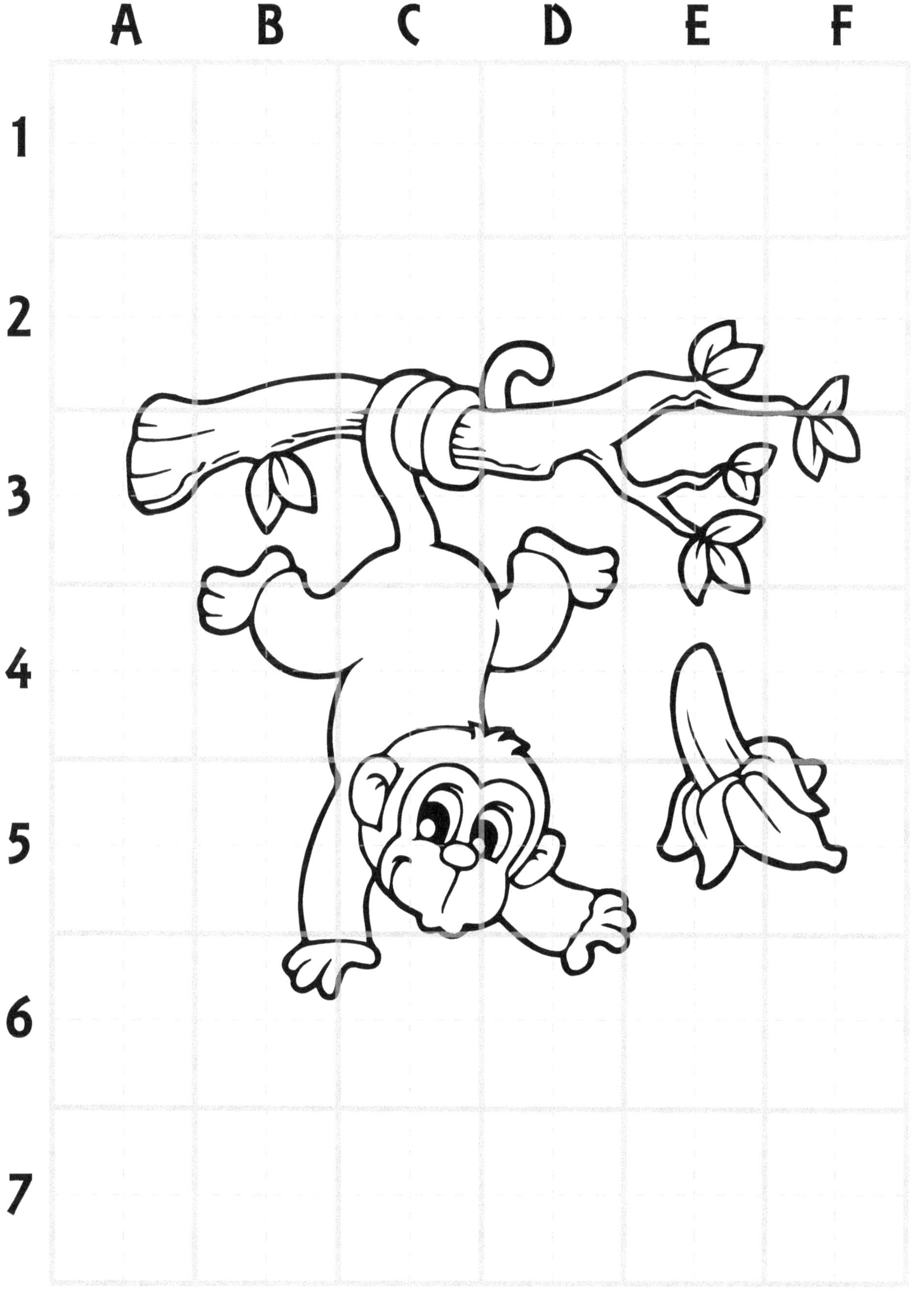

A   B   C   D   E   F

1

2

3

4

5

6

7

YOUR TURN!

	A	B	C	D	E	F
1						
2						
3						
4						
5						
6						
7						

CROCODILE

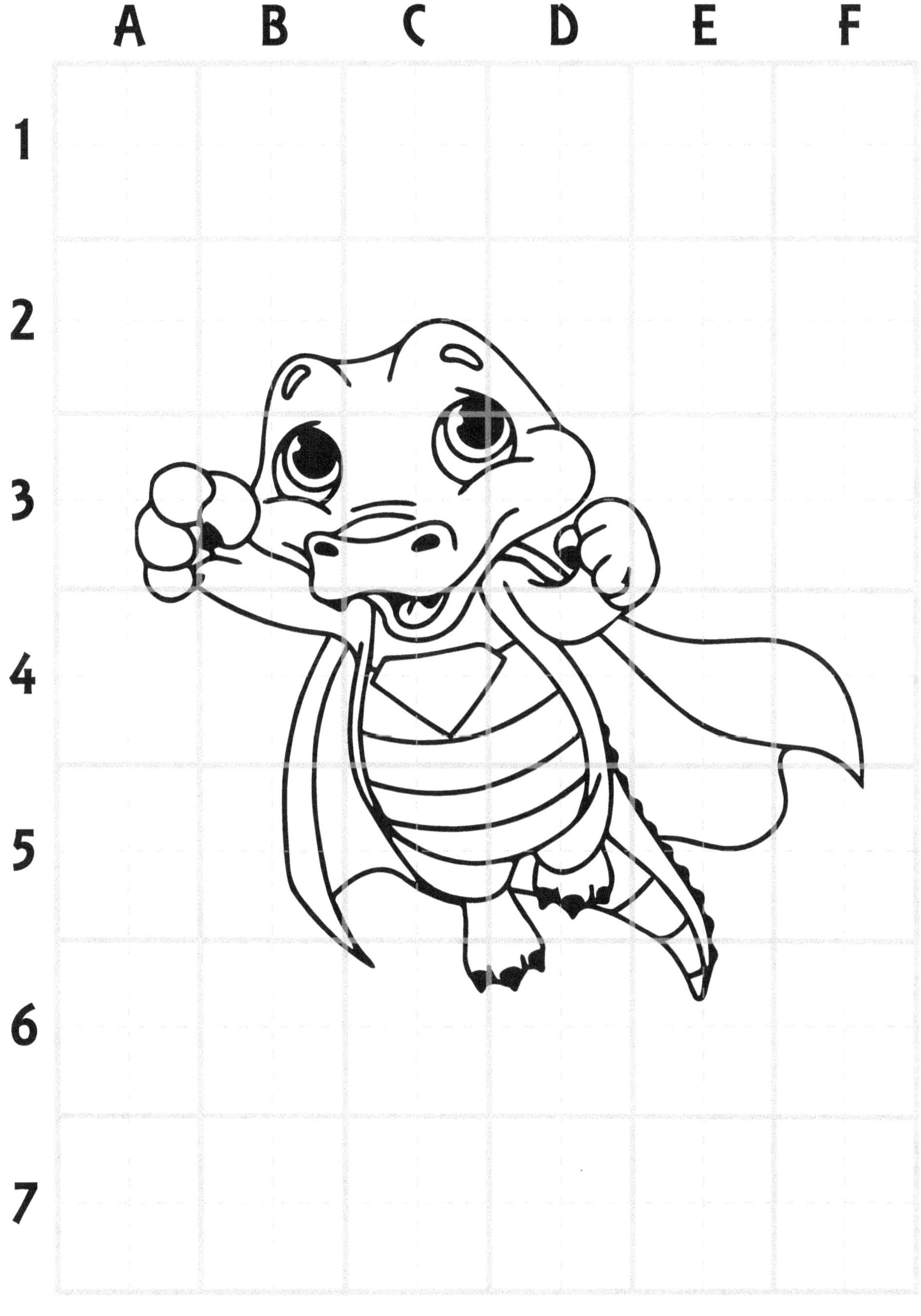

A B C D E F

1

2

3

4

5

6

7

YOUR TURN!

	A	B	C	D	E	F
1						
2						
3						
4						
5						
6						
7						

BUNNY

A B C D E F

1

2

3

4

5

6

7

YOUR TURN!

	A	B	C	D	E	F
1						
2						
3						
4						
5						
6						
7						

SHEEP

YOUR TURN!

	A	B	C	D	E	F
1						
2						
3						
4						
5						
6						
7						

HORSE

YOUR TURN!

	A	B	C	D	E	F
1						
2						
3						
4						
5						
6						
7						

PIG

YOUR TURN!

	A	B	C	D	E	F
1						
2						
3						
4						
5						
6						
7						

BIGHORN SHEEP

	A	B	C	D	E	F
1						
2						
3						
4						
5						
6						
7						

YOUR TURN!

	A	B	C	D	E	F
1						
2						
3						
4						
5						
6						
7						

BIRD

YOUR TURN!

	A	B	C	D	E	F
1						
2						
3						
4						
5						
6						
7						

TURTLE

YOUR TURN!

	A	B	C	D	E	F
1						
2						
3						
4						
5						
6						
7						

TIGER

YOUR TURN!

	A	B	C	D	E	F
1						
2						
3						
4						
5						
6						
7						

HIPPO

YOUR TURN!

	A	B	C	D	E	F
1						
2						
3						
4						
5						
6						
7						

COW

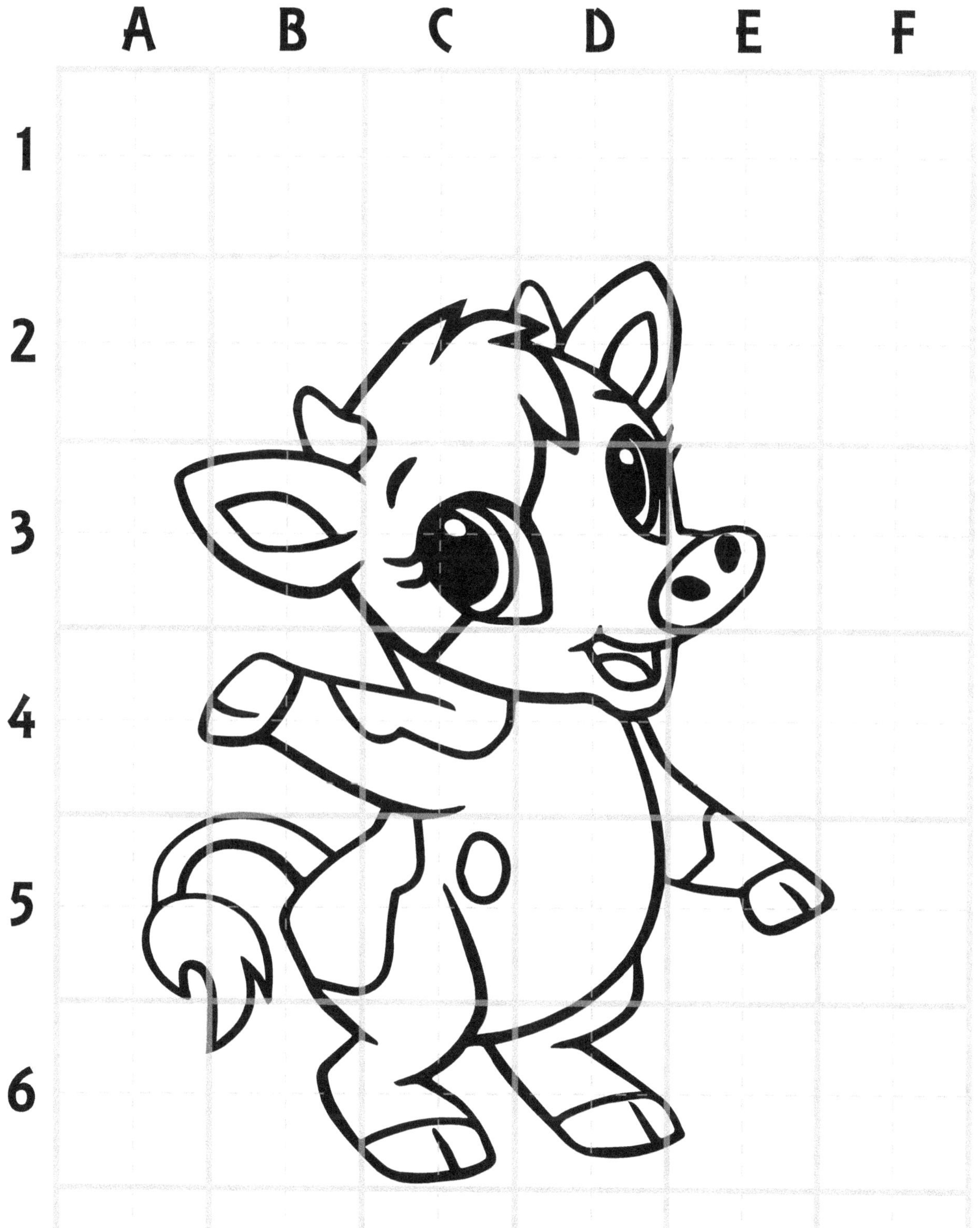

	A	B	C	D	E	F
1						
2						
3						
4						
5						
6						
7						

YOUR TURN!

	A	B	C	D	E	F
1						
2						
3						
4						
5						
6						
7						

TEDDY BEAR

YOUR TURN!

	A	B	C	D	E	F
1						
2						
3						
4						
5						
6						
7						

DESSIN SINGE

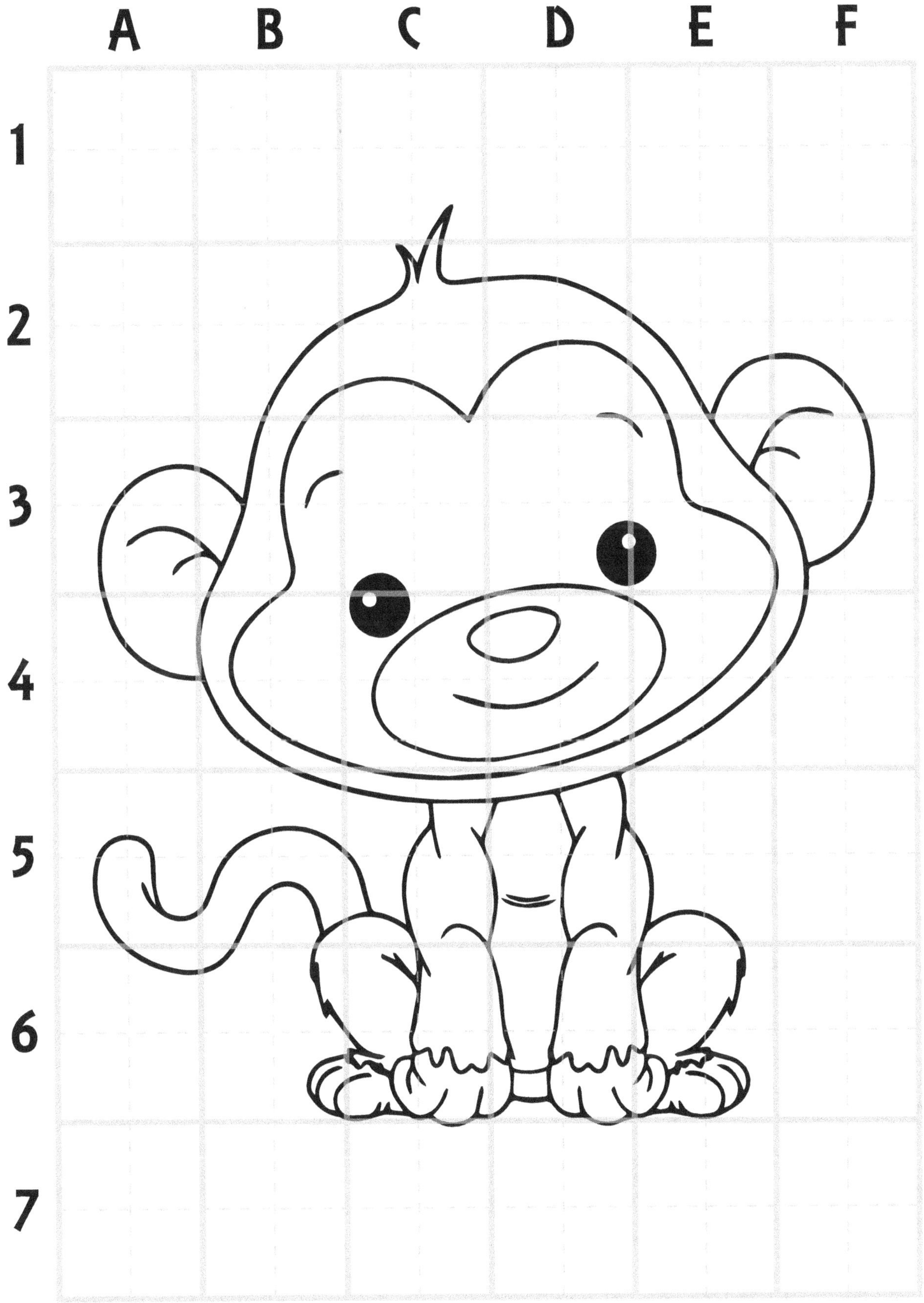

A B C D E F

1
2
3
4
5
6
7

YOUR TURN!

	A	B	C	D	E	F
1						
2						
3						
4						
5						
6						
7						

ELEPHANT

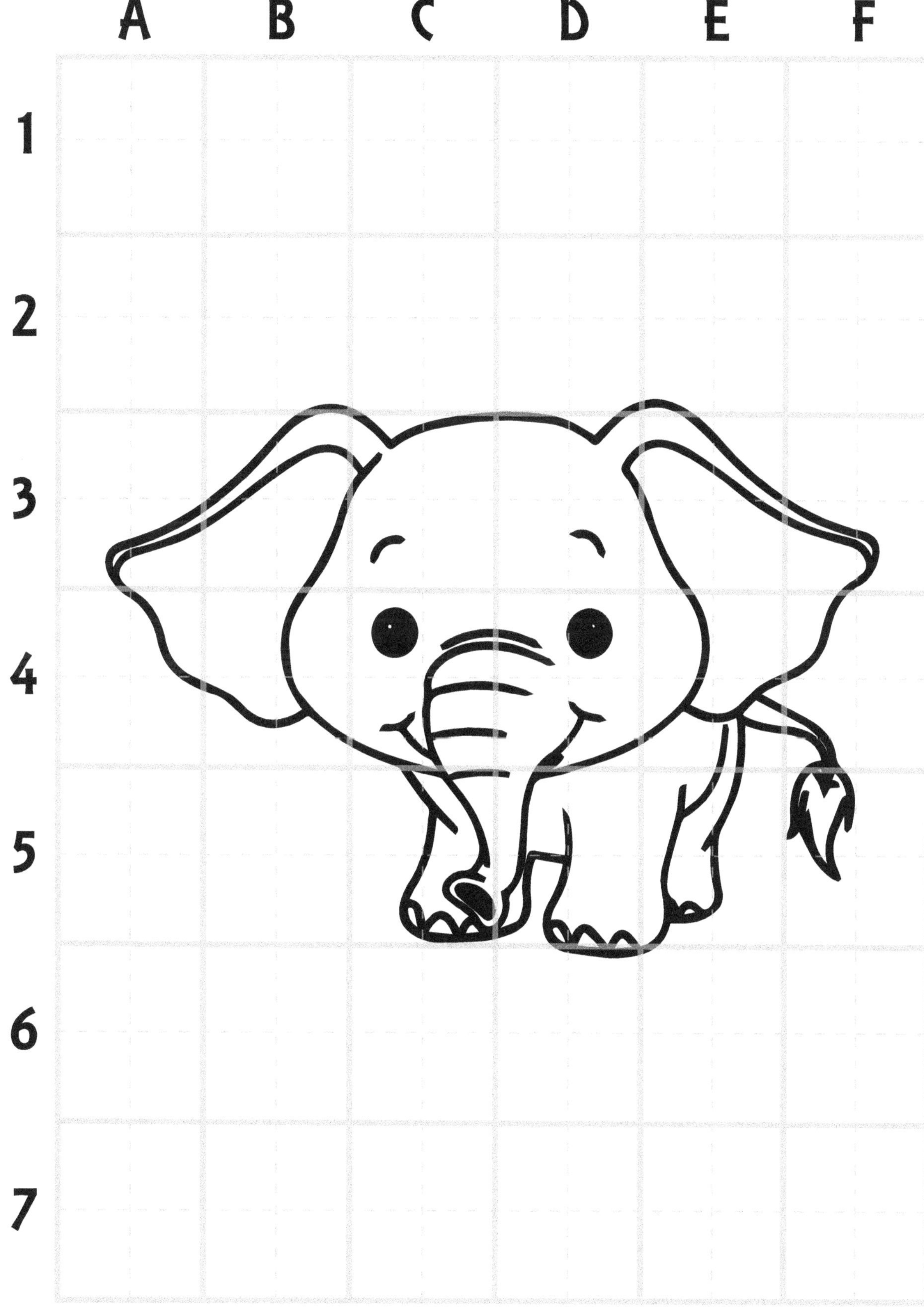

YOUR TURN!

	A	B	C	D	E	F
1						
2						
3						
4						
5						
6						
7						

GIRAFFE

A   B   C   D   E   F

1

2

3

4

5

6

7

YOUR TURN!

	A	B	C	D	E	F
1						
2						
3						
4						
5						
6						
7						

BAT

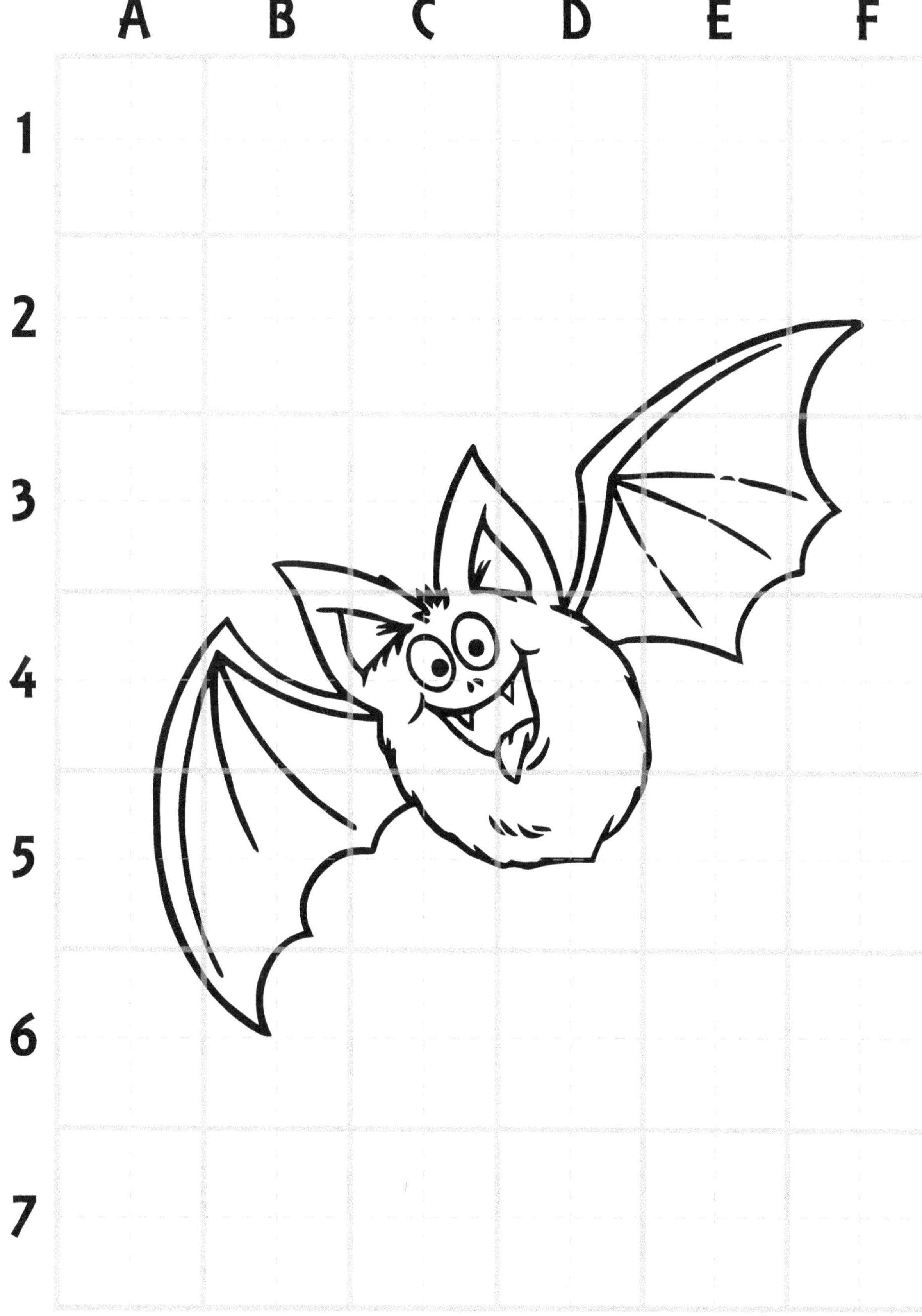

YOUR TURN!

	A	B	C	D	E	F
1						
2						
3						
4						
5						
6						
7						

DUCK

YOUR TURN!

	A	B	C	D	E	F
1						
2						
3						
4						
5						
6						
7						

FROG

A B C D E F

1 2 3 4 5 6 7

YOUR TURN!

	A	B	C	D	E	F
1						
2						
3						
4						
5						
6						
7						

CAT

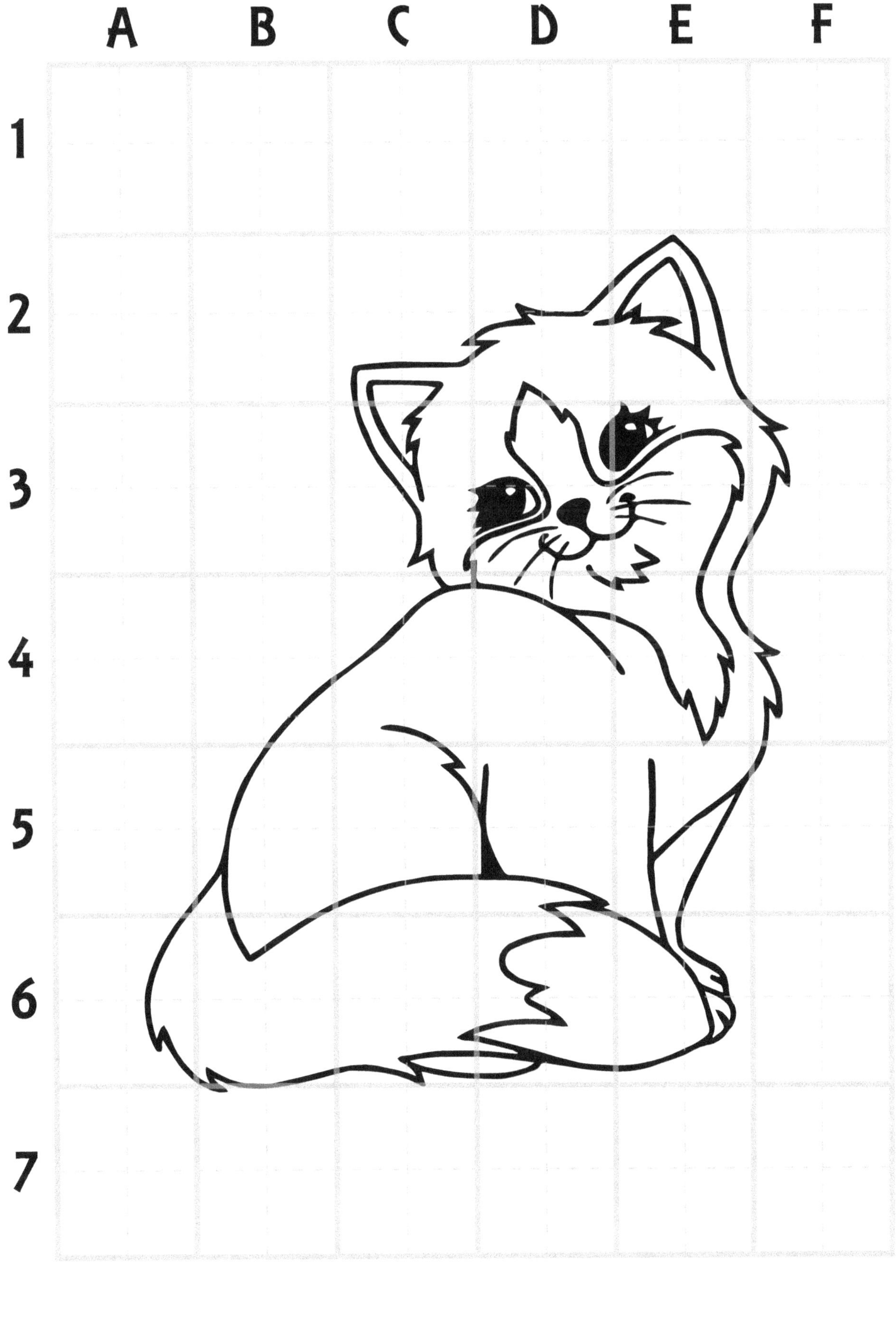

YOUR TURN!

	A	B	C	D	E	F
1						
2						
3						
4						
5						
6						
7						

HIPPO

A B C D E F

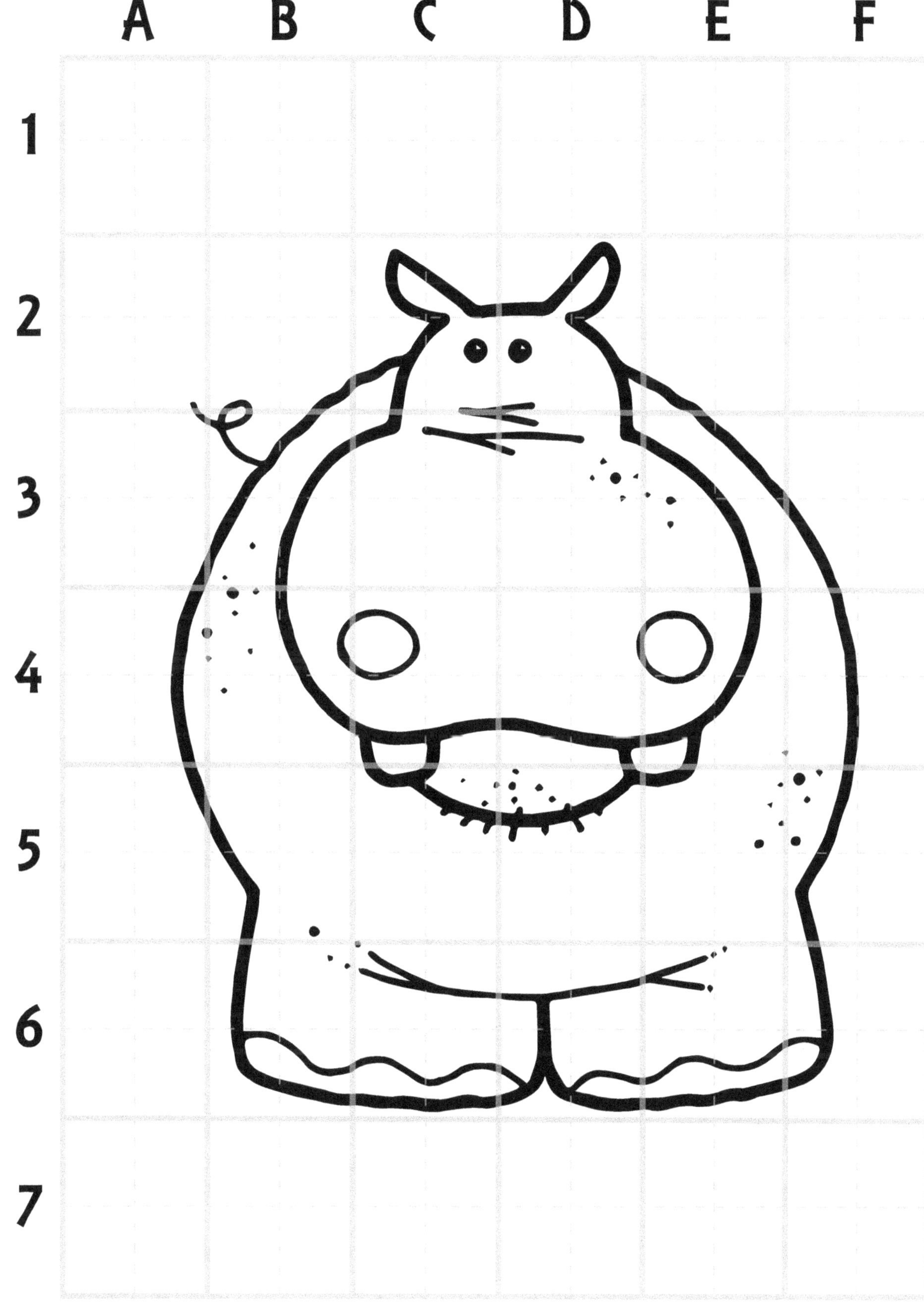

YOUR TURN!

	A	B	C	D	E	F
1						
2						
3						
4						
5						
6						
7						

BUTTERFLY

YOUR TURN!

	A	B	C	D	E	F
1						
2						
3						
4						
5						
6						
7						

MONKEY

A B C D E F

YOUR TURN!

	A	B	C	D	E	F
1						
2						
3						
4						
5						
6						
7						

MACAW

YOUR TURN!

	A	B	C	D	E	F
1						
2						
3						
4						
5						
6						
7						

BEAR

YOUR TURN!

	A	B	C	D	E	F
1						
2						
3						
4						
5						
6						
7						

DOLPHIN

YOUR TURN!

	A	B	C	D	E	F
1						
2						
3						
4						
5						
6						
7						

FROG

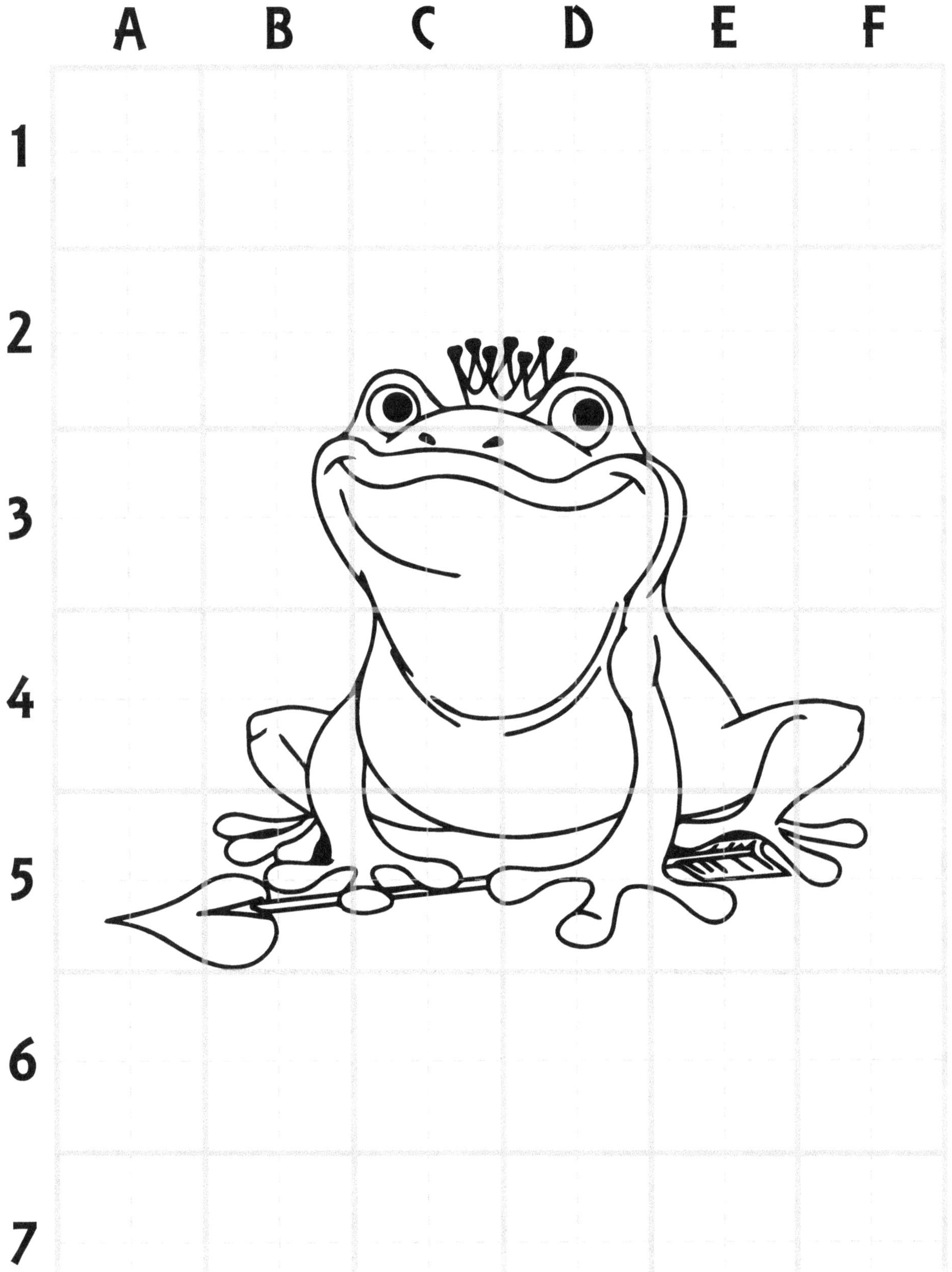

YOUR TURN!

	A	B	C	D	E	F
1						
2						
3						
4						
5						
6						
7						

GOAT

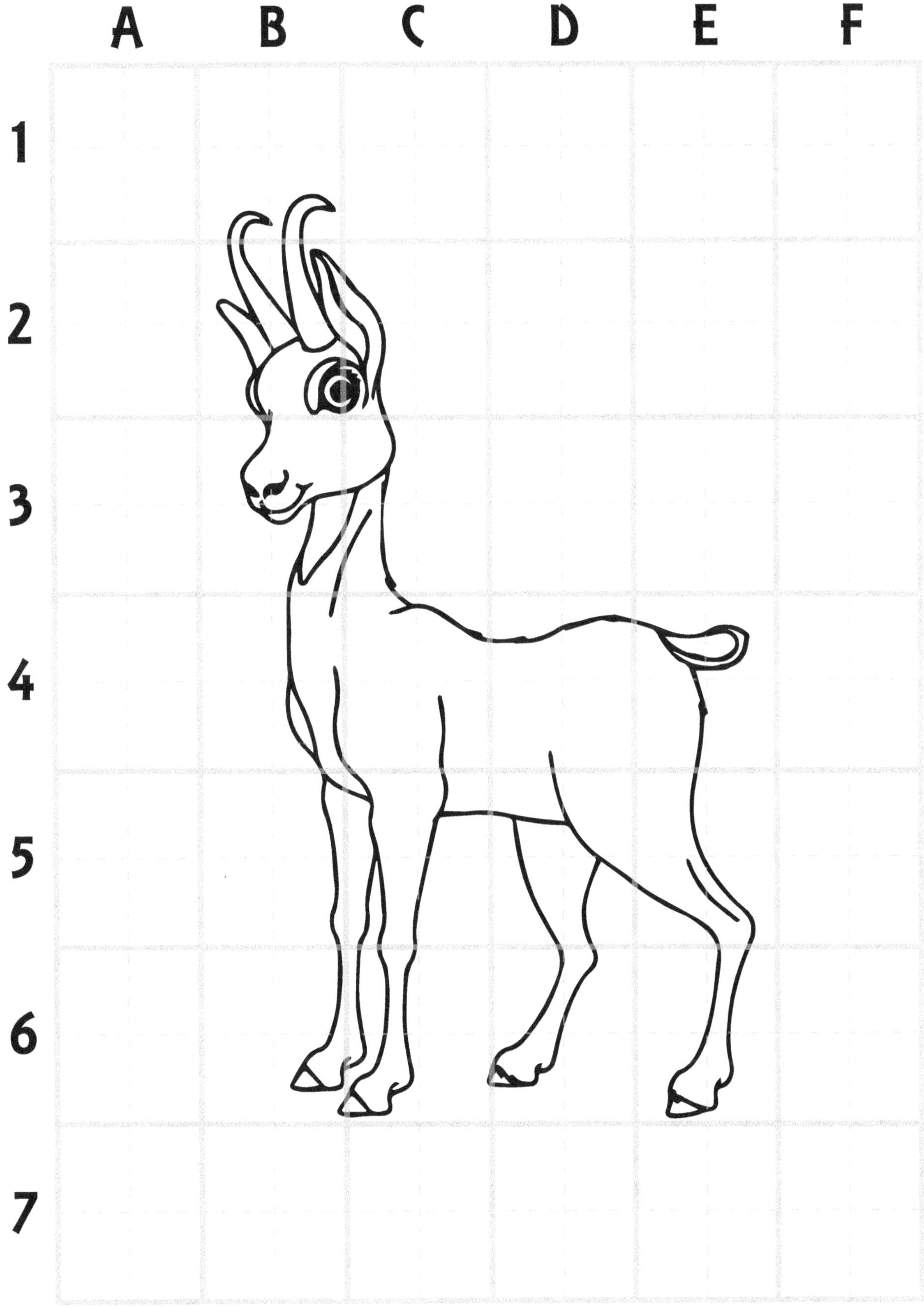

A B C D E F

1
2
3
4
5
6
7

YOUR TURN!

	A	B	C	D	E	F
1						
2						
3						
4						
5						
6						
7						

PEACOCK

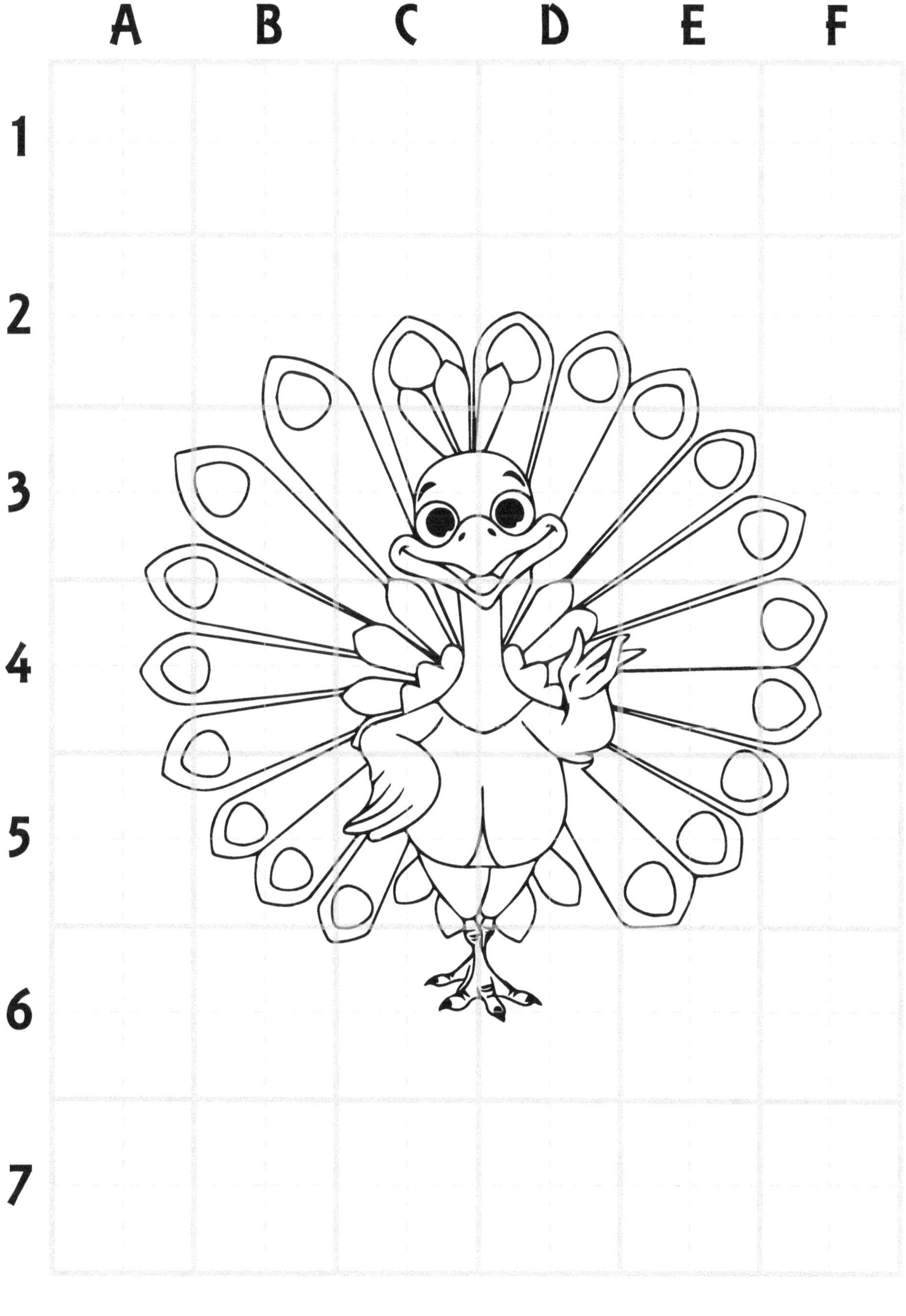

YOUR TURN!

	A	B	C	D	E	F
1						
2						
3						
4						
5						
6						
7						

TURTLE

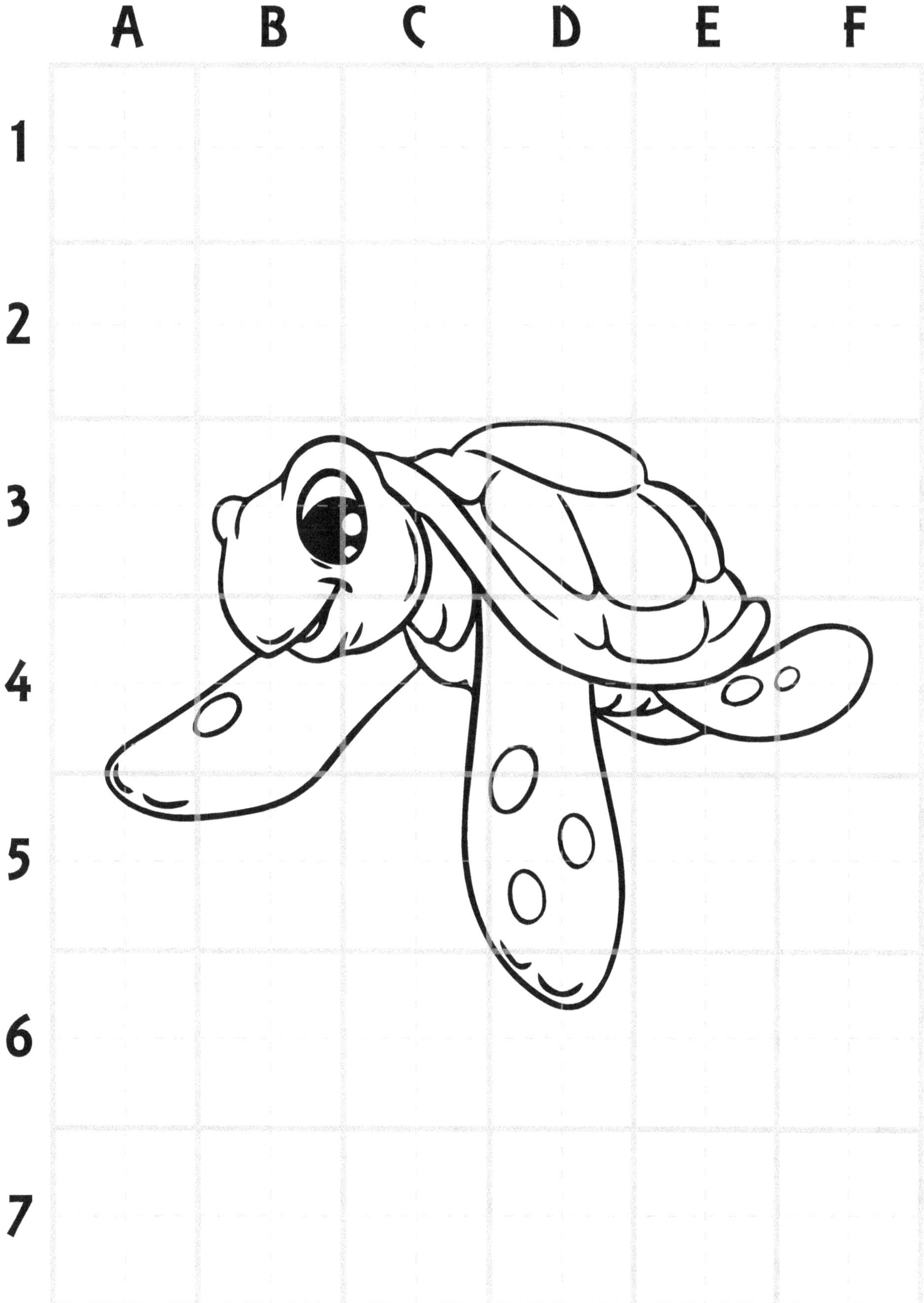

A B C D E F

YOUR TURN!

	A	B	C	D	E	F
1						
2						
3						
4						
5						
6						
7						

CAT

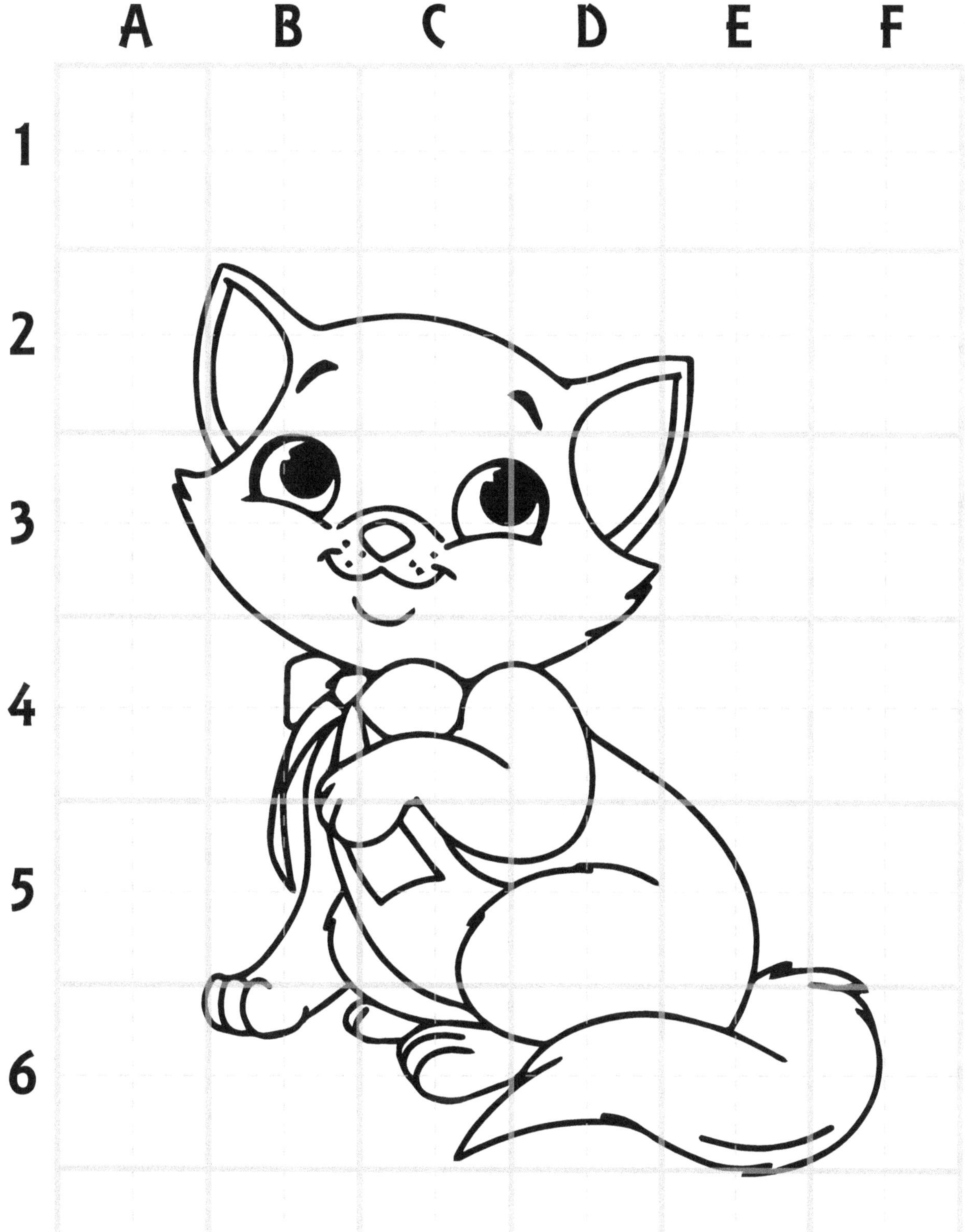

A B C D E F

1

2

3

4

5

6

7

YOUR TURN!

	A	B	C	D	E	F
1						
2						
3						
4						
5						
6						
7						

ELEPHANT

YOUR TURN!

	A	B	C	D	E	F
1						
2						
3						
4						
5						
6						
7						

DOG

	A	B	C	D	E	F
1						
2						
3						
4						
5						
6						
7						

YOUR TURN!

	A	B	C	D	E	F
1						
2						
3						
4						
5						
6						
7						

GIRAFFE

YOUR TURN!

	A	B	C	D	E	F
1						
2						
3						
4						
5						
6						
7						

BIRD

YOUR TURN!

	A	B	C	D	E	F
1						
2						
3						
4						
5						
6						
7						

CROCODILES

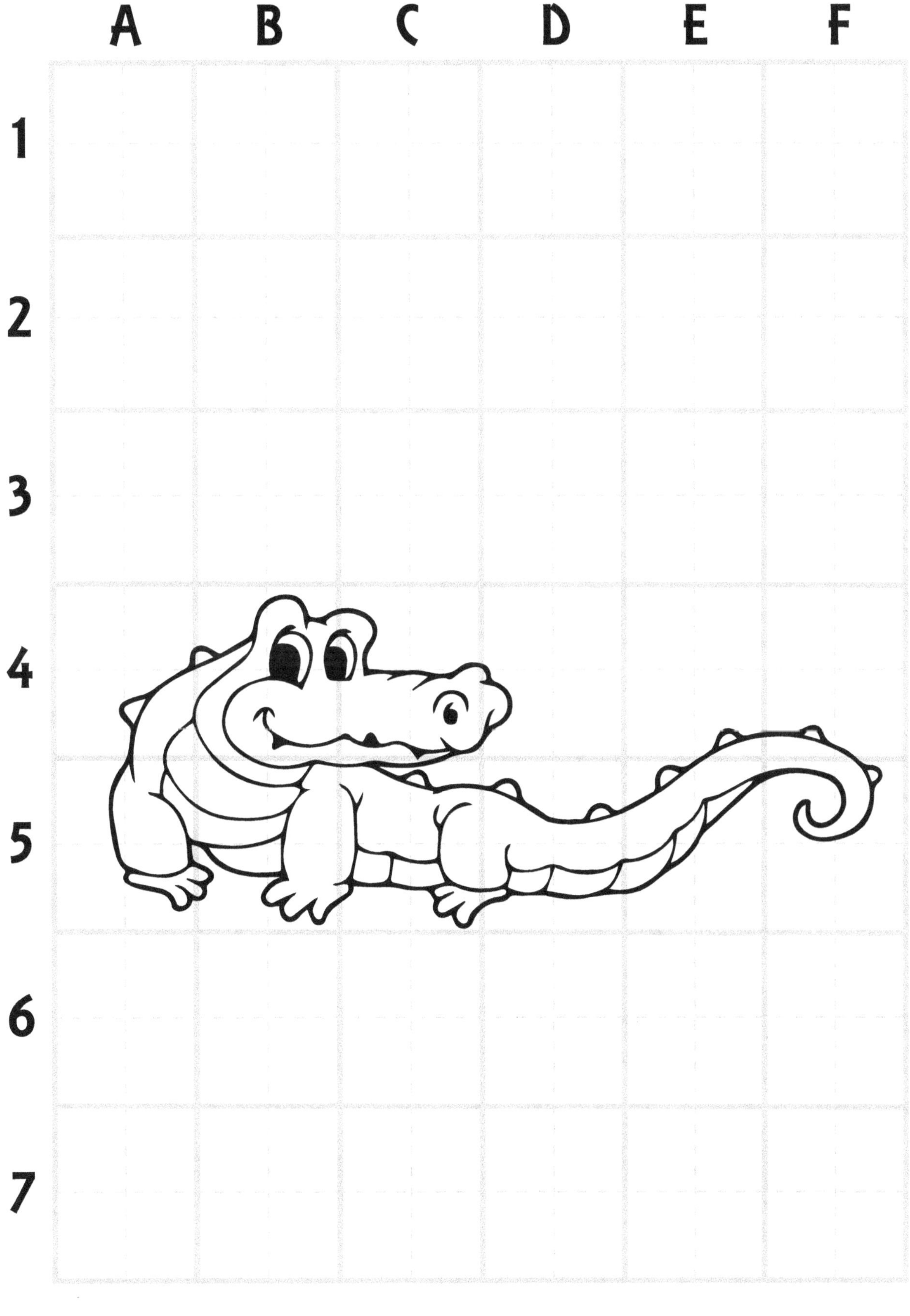

	A	B	C	D	E	F
1						
2						
3						
4						
5						
6						
7						

YOUR TURN!

	A	B	C	D	E	F
1						
2						
3						
4						
5						
6						
7						

HEN

A B C D E F

1
2
3
4
5
6
7

YOUR TURN!

	A	B	C	D	E	F
1						
2						
3						
4						
5						
6						
7						

KINGFISHER

A B C D E F

1

2

3

4

5

6

7

YOUR TURN!

	A	B	C	D	E	F
1						
2						
3						
4						
5						
6						
7						

FISH

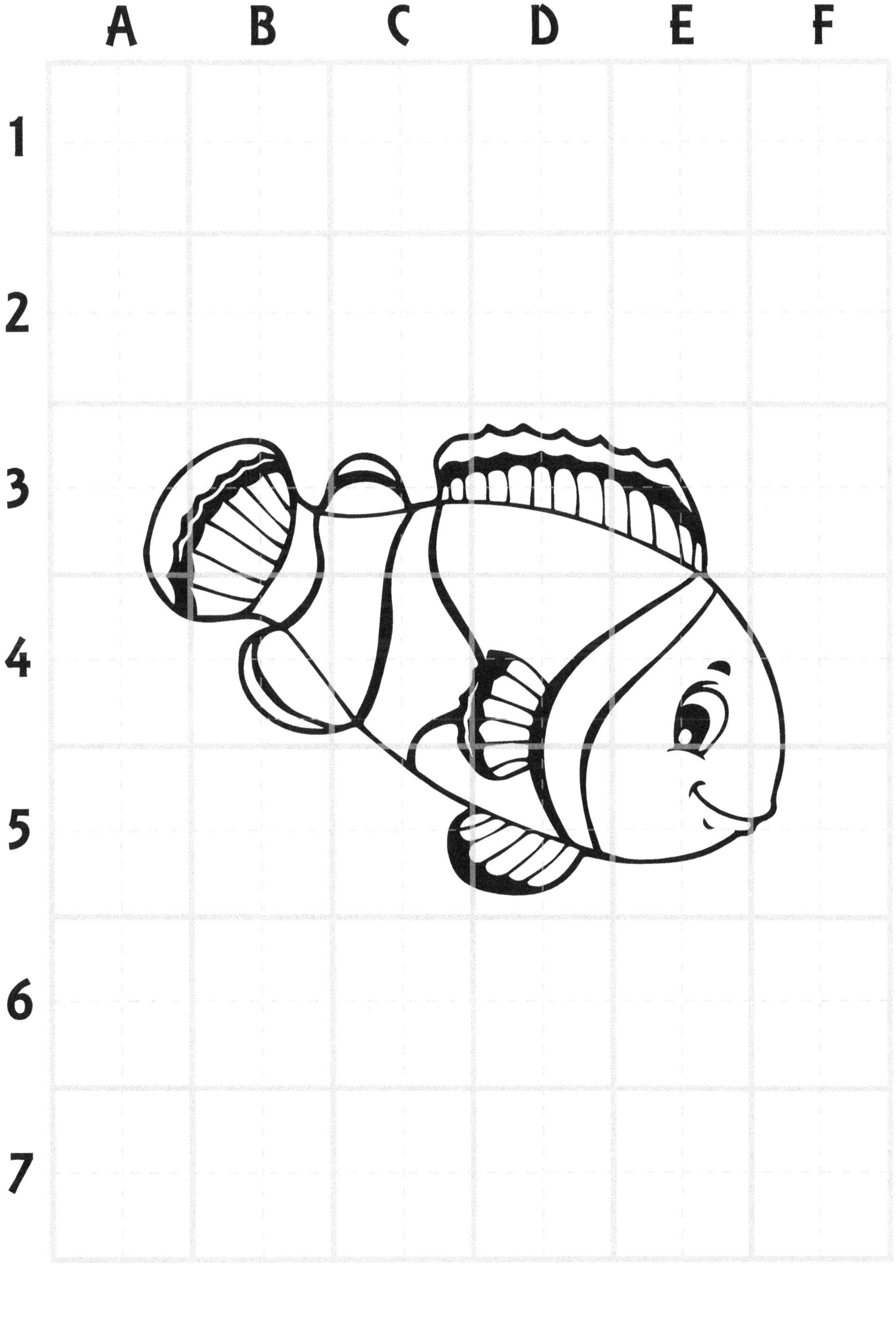

YOUR TURN!

	A	B	C	D	E	F
1						
2						
3						
4						
5						
6						
7						

SEAHORSE

	A	B	C	D	E	F
1						
2						
3						
4						
5						
6						
7						

YOUR TURN!

	A	B	C	D	E	F
1						
2						
3						
4						
5						
6						
7						

DOG

YOUR TURN!

	A	B	C	D	E	F
1						
2						
3						
4						
5						
6						
7						

DOLPHIN

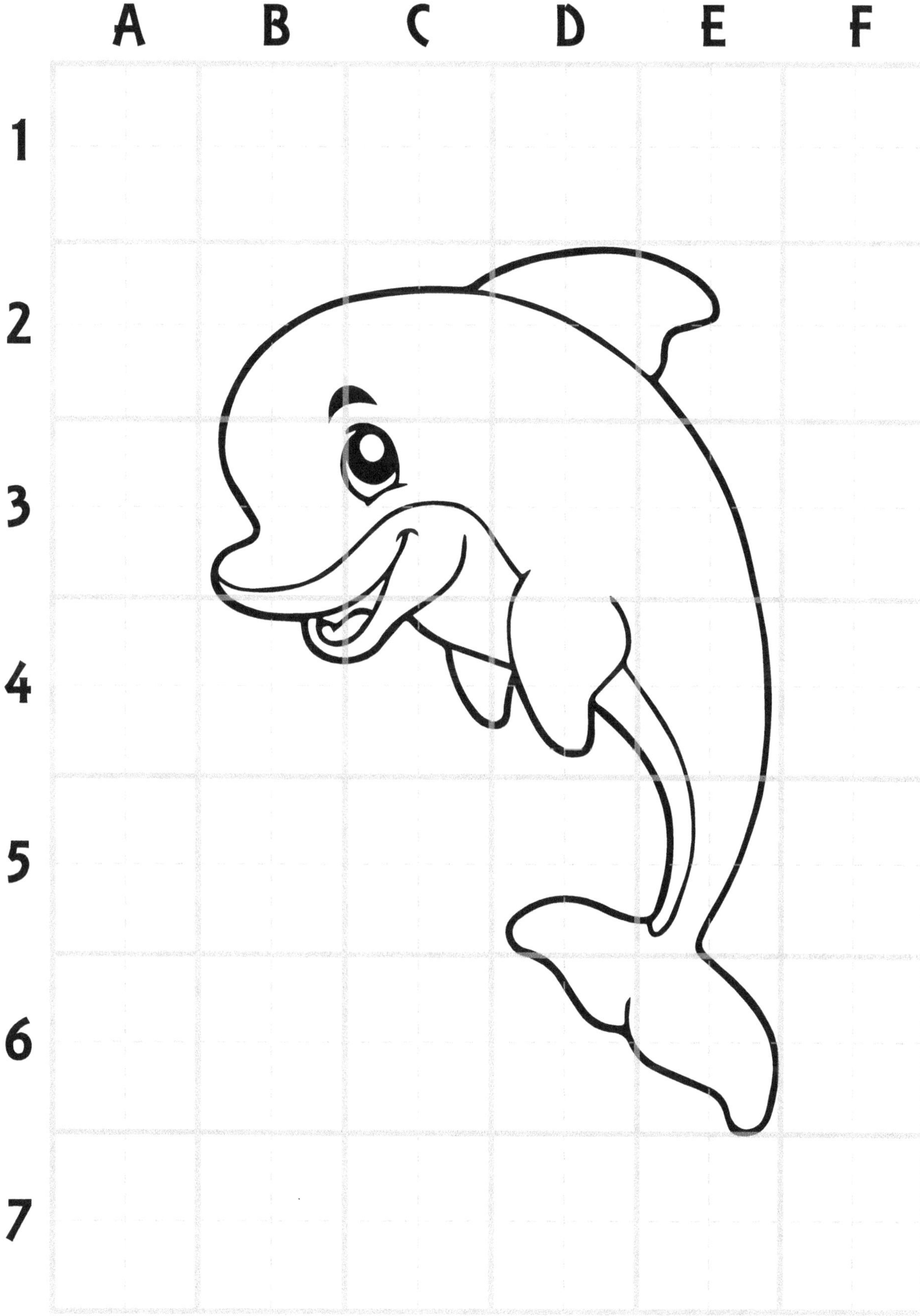

YOUR TURN!

	A	B	C	D	E	F
1						
2						
3						
4						
5						
6						
7						

CRAB

A B C D E F

YOUR TURN!

	A	B	C	D	E	F
1						
2						
3						
4						
5						
6						
7						

GORILLA

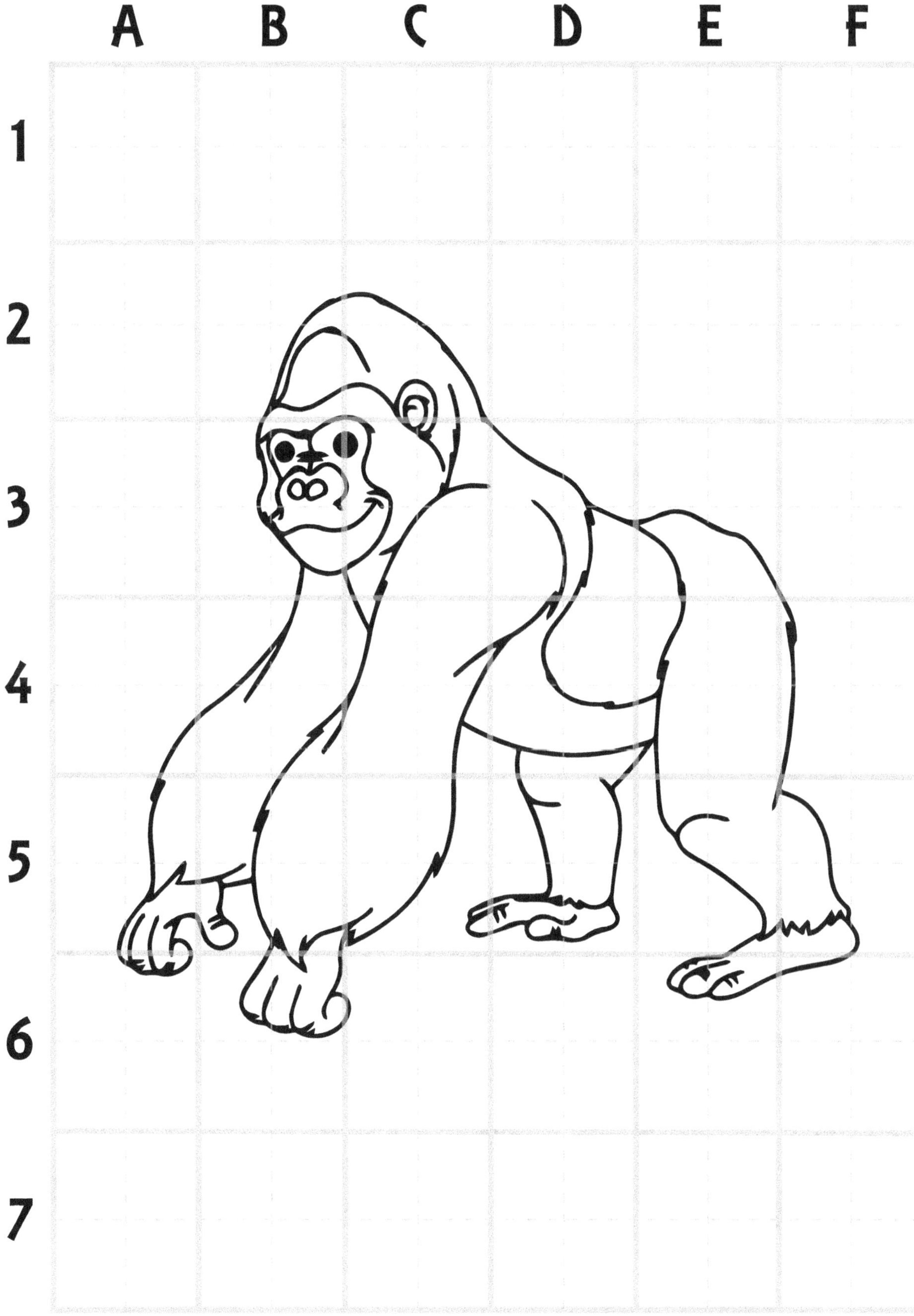

YOUR TURN!

	A	B	C	D	E	F
1						
2						
3						
4						
5						
6						
7